AF190266

PUFFEL
UND PAULINE BESIEGEN IHRE ÄNGSTE

Selbstbewusstseinstraining gegen Kinderängste

FSC
www.fsc.org
MIX
Papier aus ver-
antwortungsvollen
Quellen
Paper from
responsible sources
FSC® C105338

Ein herzliches Dankeschön an die Menschen, die bei der
Entstehung des Buches mitgeholfen haben. Ganz besonders
gilt dies für meine Familie, Anne Grobe und Carolin Felix.

ISBN 9783750422223

© Elena Grumann 2019
Alle Rechte vorbehalten.

Illustrationen/Gestaltung: Anne Rikta Grobe
Lektorat und Korrektorat: Sandra Schmidt,
Lektorat Text-Theke. www.text-theke.com
Druck und Bindung: BoD Books on Demand

Printed in Germany

PUFFEL

UND PAULINE BESIEGEN IHRE ÄNGSTE

Selbstbewusstseinstraining gegen Kinderängste

Elena Grumann

ELENA GRUMANN

ist Stressmanagementtrainerin, Entspannungspädagogin, psychologische Beraterin sowie Betreuungskraft in Altenheimen.
Sie arbeitet in eigener Praxis in Warmsen.

www.entspannungs-kurse.com

ANNE RIKTA GROBE

ist Illustratorin und Grafikerin und arbeitet in ihrem Atelier bei Hannover.

www.rikta-illustrationen.de

CAROLIN FELIX

ist Erzieherin, Gestaltpädagogin, systemische Beraterin und scharmanisch arbeitend.

carolin.felix68@gmail.com

VORWORT

Während meiner langjährigen Arbeit als Stressmanagementtrainerin und Entspannungspädagogin erzählten mir Kinder oft von ihren Ängsten und der Hilflosigkeit, diese nicht besiegen zu können, z. B. Angst vor der Schule, Trennungsängste und Leistungsdruck in der heutigen Gesellschaft. Durch Angst entsteht Stress auf körperlicher, psychischer und geistiger Ebene. Denkblockaden, Wut, Verzweiflung und Schlaflosigkeit sind die Folgen.

Die Geschichte soll Kindern helfen, ihre Ängste rechtzeitig zu erkennen, Mut zu entwickeln ihnen entgegenzugehen, um sie selbstständig bewältigen zu können. So lernen Kinder, an sich zu glauben. Das Selbstbewusstsein wird gefördert und das positive Lebensgefühl gestärkt.

Das Buch beinhaltet ein Trainingsprogramm, welches mit Ihnen als Eltern sofort im Alltag umgesetzt werden kann.

In meiner Praxis in Haselhorn/Warmsen arbeite ich eng mit meiner Kollegin Carolin Felix zusammen, die sich ebenfalls auf Kinderängste spezialisiert hat.

PUFFEL UND PAULINE BESIEGEN IHRE ÄNGSTE

Es war später Nachmittag, als Puffel vergnügt durch den Wald hoppelte, um Blumen zu pflücken. Als Puffel gerade eine Osterglocke pflücken wollte, sah er etwas Rotbraunes hinter einem Baum kauern. Was mag das nur sein?, fragte er sich und hoppelte neugierig los. Als er näher kam, erkannte Puffel, dass es ein Eichhörnchen war.

„Hallo, ich heiße Puffel, und wer bist du?", fragte der Hase.

„Ich heiße Pauline und wohne oben im Baum. Immer, wenn ich traurig bin und nachdenken muss, setze ich mich hierher."

„Warum bist du denn traurig?", fragte Puffel Pauline.

„Weil ich **HÖHENANGST** habe und das, obwohl ich ein Eichhörnchen bin. Deshalb werde ich auch schon ausgelacht, keiner spielt mit mir, und alle nennen mich **ANGSTHÖRNCHEN!**", sagte sie traurig.

Puffel sah Pauline mitfühlend an. Sie tat ihm leid und er wollte ihr helfen.

Als Puffel noch in Gedanken versunken war, stand Pauline auf und fragte ihn: „Hast du denn keine Angst?"

„Ich habe Angst im Dunkeln, das finde ich unheimlich", erwiderte Puffel. „Ich glaube auch, dass jeder irgendeine Angst hat. Nur darf die Angst nicht zu groß werden, sonst hat man wirklich vor allem Angst und traut sich nichts mehr zu. Ich kenne aber jemanden, der sich da viel besser auskennt als ich. Hast du Lust, dass wir zwei unsere Ängste besiegen?", fragte Puffel Pauline.

Sie sah ihn ungläubig an. „Das geht doch gar nicht!"

„Doch, das glaube ich schon", entgegnete der Hase energisch. „Der Dorfälteste hat mir schon einmal geholfen, als ich Stress hatte. Er hat für jedes Problem eine Lösung."

So richtig glauben konnte das Eichhörnchen das nicht. Aber sie vertraute Puffel, und gemeinsam machten sie sich auf den Weg zum Dorfältesten.

Dabei kamen sie am Haus von Karlchen vorbei, der gerade dabei war, seinen Eltern im Garten zu helfen. Unkraut ziehen, das machte wirklich überhaupt keinen Spaß. Puffel lief zu seinem Freund und fragte seine Eltern, ob er mitkommen durfte. Sie hatten nichts dagegen.

Überglücklich, der Gartenarbeit entkommen zu sein, marschierte Karlchen zusammen mit Puffel und Pauline los. Unterwegs erzählte Puffel der kleinen Schildkröte, wie er Pauline kennengelernt hatte. Karlchen fand es sehr mutig von Puffel und Pauline, den alten Hasen um Rat zu fragen. Denn auch Karlchen hatte Ängste, über die er nicht gern sprach, die er aber gern besiegen würde.

Der Weg zum Dorfältesten führte über Felder und Wiesen, bis die drei zu einem Sumpfgebiet kamen.

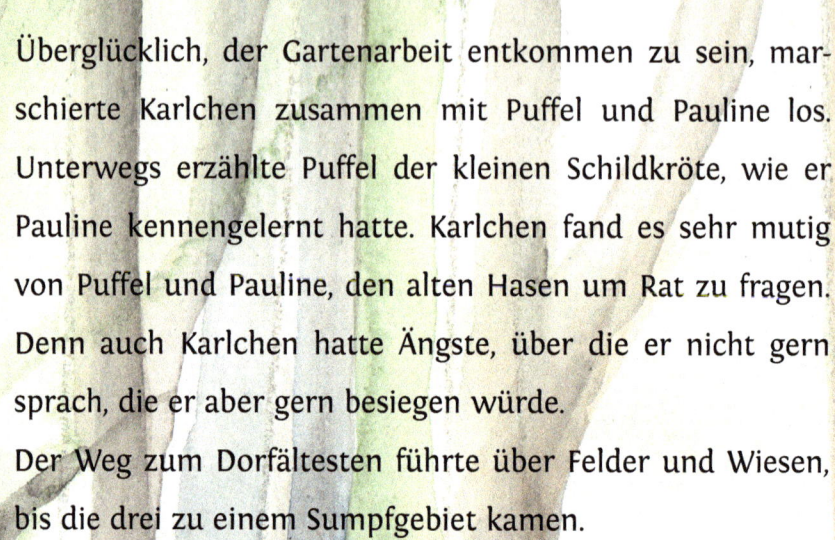

„Hier ist es aber unheimlich und so dunkel", meinte Pauline. Auch Puffel und Karlchen fühlten sich nicht wohl an diesem Ort. „Was machen wir denn jetzt?", fragte Pauline. „Wir können unmöglich durch das Sumpfgebiet gehen."

„Gibt es keinen anderen Weg?", erkundigte sich Karlchen. Puffel überlegte.

„Natürlich, jetzt fällt es mir wieder ein. Ganz in der Nähe gibt es eine Hängebrücke. Die führt quer durch das Sumpfgebiet. Da müssen wir rüber, und dann sind wir bald beim Dorfältesten."

Also machten sie sich auf die Suche und erblickten von Weitem eine alte Brücke. Sie sah morsch aus. Irritiert blieben die Freunde stehen.

„Da gehe ich nicht rüber!", schimpfte Pauline.

Das Eichhörnchen setzte sich auf den Waldboden und verschränkte die Arme vor der Brust.

Puffel und Karlchen sahen sich ratlos an.

„Pauline, wir geben doch so kurz vor dem Ziel nicht auf. Wir schaffen das gemeinsam, du wirst sehen!", munterte Puffel sie auf. „Wir gehen hintereinander und ganz langsam über die Brücke. Zum Glück ist sie nicht hoch."

Viel besser ging es Pauline immer noch nicht, aber sie wollte es versuchen. Puffel und Karlchen machten ihr Mut.

Die drei Freunde fassten sich an den Händen.

Ganz langsam, Schritt für Schritt marschierten sie über die Brücke. Geschafft!

Glücklich sahen sich Puffel, Pauline und Karlchen an.

„Na, das war ja eine Herausforderung", stellte die kleine Schildkröte fest.

„Schaut mal", rief Pauline ihren neuen Freunden zu.

„Was liegt denn da auf dem Boden?"

Das Eichhörnchen rannte auf einen alten Baumstamm zu. Daneben lag eine alte, dreckige Holzkiste. Auch Puffel und Karlchen kamen näher. Gemeinsam öffneten sie vorsichtig die Kiste. Darin lag eine kaum lesbare Karte, auf der ein Schloss abgebildet war. Der Name des Schlosses war nicht mehr zu lesen.

„Wir nehmen unseren Fund mit zum Dorfältesten, vielleicht weiß er, um welches Schloss es sich handelt", schlug Puffel

vor. Gesagt, getan. Gemeinsam gingen sie weiter, bis sie das Haus vom alten Hasen entdeckten.

Der weise Hase hatte die drei schon von Weitem gesehen und begrüßte sie freundlich:

„Hallo, Puffel, schön, dass du mich besuchst. Wie ich sehe, hast du Freunde von dir mitgebracht."

Puffel nahm den alten Hasen zur Begrüßung in den Arm. Er freute sich auch, ihn wiederzusehen. „Karlchen kennst du ja, und das ist Pauline. Wir haben uns heute erst kennengelernt."

Gemeinsam gingen sie ins Haus und machten es sich auf dem Sofa gemütlich. „Ihr seht aber etwas erschöpft aus", stellte der Dorfälteste fest.

Puffel erzählte ihm von dem anstrengenden Weg durch den Sumpf und gab ihm die Kiste mit der Karte.

„Weißt du, was für ein Schloss das ist?", fragte er. Der alte Hase sah sich die Karte genauer an. „Das ist Schloss Spinnenbein. Es liegt tief im Wald versteckt. Der König, der dort lebte, war sehr streng und von allen gefürchtet.

Heute steht das Schloss leer und keiner traut sich, dorthin zu gehen. Man erzählt sich, dass ein Fluch über dem Schloss liegt, der nur aufgehoben werden kann, wenn Freundlichkeit auf das Schloss zurückkehrt. Das ist das Geheimnis von Schloss Spinnenbein. Seid ihr wegen der Karte zu mir gekommen?"

Es wurde ganz still im Raum und der alte Hase schaute in die Gesichter seiner Besucher.

„Na, dann erzählt mir mal, was ihr auf dem Herzen habt", sagte er. Pauline fing an zu erzählen: „Ich habe **HÖHEN-ANGST**, alle lachen mich aus, weil ich nicht auf Bäume klettere, und sie spielen deshalb auch nicht mehr mit mir. Sie nennen mich **ANGSTHÖRNCHEN!**"

Der Dorfälteste stand auf und kam mit einem alten Buch wieder. Er sah Pauline freundlich an und sagte mit ruhiger Stimme zu ihr: „Das ist ein Buch mit 5 Regeln gegen Ängste. Ganz egal, was für eine Angst du hast, wenn du diese Regeln mit deinen Eltern übst, kannst du deine Ängste besiegen.

Angst gehört zum Leben dazu und hat den Sinn, dich vor Gefahren zu warnen. Auch Erwachsene haben oft Angst. Du kannst jetzt lernen, mit deinen Ängsten umzugehen und sie loszulassen. Es gibt viele verschiedene Ängste, die kann ich nicht alle aufzählen."

Dann zählte der Dorfälteste ihnen die häufigsten Ängste auf:

1. *Angst im Dunkeln*

2. *Angst, Fehler zu machen/zu versagen*

3. *Angst vor Gespenstern/Monstern*

4. *Angst vor Arztbesuchen*

5. *Angst vor Krankheiten/Tod*

6. *Angst vor Wasser*

7. *Höhenangst*

8. *Angst vor der Schule*

9. *Angst vor anderen Tieren*

10. *Angst vor dem Alleinsein/Veränderungen*

11. *Angst in engen Räumen oder auf großen Flächen*

Der alte Hase schlug das Buch auf und fing an vorzulesen. Puffel, Karlchen und Pauline hörten gespannt zu.

1. *Du solltest den Willen und die Ausdauer haben, deine Angst zu besiegen. Es braucht seine Zeit, bis die Angst verschwindet. Deshalb sagst du dir ab jetzt jeden Tag: „Ich lasse meine Angst los, sie ist mir gleichgültig. Ich schaffe das!"*

2. *Wenn du spürst, dass deine Angst kommt (meistens bekommt man Herzrasen, deine Atmung wird schneller ...), frag dich selber: „Wo ist die Bedrohung, wo ist das Problem?" Dabei atmest du Mut ein und atmest deine Angst aus. Du hinterfragst deine eigene Angst und gehst ihr somit entgegen. Das nennt man De-sen-si-bi-li-sie-rung. Du machst also genau das, wovor du eigentlich Angst hast. Ich erkläre dir das an einem Beispiel: Wenn du Angst vor dem Arzt hast, sagst du dir jetzt: „Der Arzt will mir helfen und ich halte diese Situation aus." Hast du Angst im Dunkeln, siehst du dir die Sterne und den Mond am Himmel an. Tag und Nacht gehören zusammen und im Dunkeln kann man viele schöne Dinge entdecken. Auch viele Tiere werden in der Nacht erst wach.*

3. *Denk jeden Tag an deine Stärken und nimm dich an, wie du bist. Auch mit deinen Ängsten! Dadurch wirst du mutig und die Angst wird klein.*

4. *Wenn du viel lachst, Freunde triffst und ein Hobby machst, geht es dir gut und du hast Spaß. So was mag die Angst nicht und sie verschwindet dann auch.*

5. *Wenn du mutig warst und etwas gut geklappt hat, schreib es auf und lies es dir abends im Bett durch. Dann sprichst du mit deinen Eltern über deine Erfolge.*

Der alte Hase klappte sein Buch zu. Er schaute die drei Freunde an und sagte zu ihnen: „Ihr seht also: Egal welche Angst es auch ist, geht ihr entgegen. Mit ganz viel Mut, Geduld und Gesprächen mit euren Eltern, Freunden oder Lehrern könnt ihr sie besiegen. Auch Ärzte haben gute Lösungen gegen Ängste."

Pauline sprang auf, hüpfte vor Freude um das Sofa und rief mehrmals:

„Hurra, 1-2-3, alle Angst ist jetzt vorbei!"

Alle lachten und die Erleichterung in den Gesichtern war deutlich zu sehen.

Puffel, Karlchen und Pauline nahmen den Dorfältesten in den Arm und bedankten sich für seine Hilfe.

„Ich werde gut auf dieses Buch aufpassen und freue mich darauf, meine Angst zu besiegen", sagte Pauline zu dem alten Hasen. Auch Puffel und Karlchen hatten großes Interesse, die Regeln zu befolgen und ihrer Angst entgegenzugehen.

Karlchen sah den Dorfältesten etwas länger an, nahm dann all seinen Mut zusammen und fragte ihn: „Ich habe öfter Angst, dass jemand stirbt. Wie besiege ich das?"

Alle schauten auf Karlchen.

Der alte Hase nahm Karlchen in den Arm und erwiderte mit ruhiger Stimme: „Weißt du, Karlchen, der Tod gehört zum Leben. Auch hier gehst du deiner Angst entgegen, indem du die Trauer zulässt und über deine Gefühle sprichst. Irgendwann wird der Schmerz dann kleiner."

Mit diesen Worten ging es Karlchen besser. Die drei Freunde machten sich nun auf den Heimweg.

Als sie schon eine Weile unterwegs waren, verschwand plötzlich die Sonne und dicke, dunkle Wolken zogen auf. Es fing an zu blitzen und zu donnern. Da erblickte Puffel von Weitem eine Höhle. So schnell, wie ihre Pfoten sie tragen konnten, rannten sie dorthin und fanden Unterschlupf.

„Puh ... So ein mieses Wetter!", schimpfte Karlchen. Puffel ließ seine langen Ohren hängen und schaute sich nervös in der Höhle um. „Ich mag keine Gewitter und die Höhle ist mir unheimlich", sagte er zu seinen Freunden. Puffel dachte auch an Gespenster und Monster, die sich vielleicht hier versteckten.

„Schnick-Schnack!", rief Pauline. „Hallo, Gespenster, Monster, wo seid ihr? Ich gehe euch jetzt entgegen, also versteckt euch lieber!", rief sie in die Höhle hinein und fing dabei an zu lachen.

Puffel fand das nicht witzig. Verängstigt schaute er sich immer wieder um. Karlchen nahm seinen Kumpel in den Arm und fragte ihn: „Puffel, wo liegt denn jetzt die Bedrohung? Das Gewitter ist draußen und Gespenster und Monster gibt es nicht. Hier sind wir in Sicherheit. Es gibt keine Gefahr!" Puffel entspannte sich.

„Du hast ja recht, wir warten einfach ab, bis das Gewitter vorbei ist, und gehen dann nach Hause", sagte er zu seinem Freund.

Doch plötzlich hörten sie furchtbare, beängstigende, laute Geräusche aus dem hinteren Teil der Höhle. **„UHAAAR"**, schallte es immer wieder. Fledermäuse flatterten ihnen entgegen. „Was war das denn?", fragte Pauline. Puffel und Karlchen zuckten mit den Schultern und sahen sich ratlos an.

„Los, Jungs, wir schauen nach, woher das Geräusch kommt", rief sie ihren vor Schreck erstarrten Freunden zu. Widerwillig und mit schlotternden Knien gingen Puffel und Karlchen der mutigen Pauline hinterher. Sie trauten sich kaum zu atmen. Es wurde immer dunkler in der Höhle.

Wie aus dem Nichts stand völlig unerwartet ein großes und wütendes Krokodil vor ihnen. Karlchen war vor Schreck der Ohnmacht nahe, und Puffel und Pauline wurden kreidebleich.

„Verschwindet aus meiner Höhle, sonst fresse ich euch!", fauchte das Krokodil. Pauline atmete einmal tief durch und fragte mutig: „Warum bist du denn so wütend? Wir haben doch nichts Schlimmes gemacht. Sobald das Gewitter vorbeigezogen ist, verlassen wir deine Höhle, versprochen."

Erstaunt über so viel Mut wurde das Krokodil freundlich.

„Ich heiße Kurt und bin so wütend, weil ich Schmerzen habe." Dabei zeigte er seine verletzte Pfote.

„Oh, das sieht aber nicht gut aus, irgendwie verdreht", sagte Pauline. „Aber das bekomme ich wieder hin."

Fragend sahen sich nun Kurt, Karlchen und Puffel an.

„Ihr macht ja Gesichter." Pauline musste schmunzeln.

„Mein Onkel ist Osteopath und ..."

„Was ist denn ein Ostedings-bums?", redete Kurt dazwischen. Das wollten Puffel und Karlchen auch zu gern wissen. Pauline erklärte: „Ein OSTEOPATH ist jemand, der sich mit Knochen, Bändern und Sehnen im Körper gut auskennt und alles wieder gerade rückt." Kurt bekam Panik. „Ich will nicht gerade gerückt werden!", sagte er ängstlich. „Schnick-Schnack", entgegnete Pauline energisch. „Du musst jetzt mutig sein und deine Angst loslassen. Oder willst du deine Schmerzen und deine verdrehte Hand behalten?" Nein, das wollte Kurt nicht. „Vertrau mir!", sagte sie zu Kurt.

Pauline schnappte sich ein Seil, wickelte ein Stück davon um die Pfote und kletterte mit dem anderen Ende auf einen hohen Balken. Von dort aus fing sie langsam an zu ziehen.

Kurt wurde ganz schlecht. Er bekam Schweißperlen auf seiner Stirn. Die Pfote drehte sich langsam weiter. Puffel und Karlchen konnten nicht hinsehen und hielten den Atem an. Plötzlich machte es Knack und alle schauten sich erschrocken an.

Kurt sprang in die Luft und rief freudestrahlend: „Hurra, meine Schmerzen sind weg!"

Er hob seine Pfote in die Luft. „Siehst du, war doch nicht so schlimm!", rief Pauline vom Balken herunter. „Deine Hand war blockiert und daher kamen die Schmerzen. Jetzt ist sie wieder locker. Du hast mir vertraut und so deine Angst losgelassen. Demnächst gehst du sofort zum Arzt, wenn du Schmerzen hast. Ich konnte dir nur helfen, weil ich so viel von meinem Onkel gelernt habe." Puffel und Karlchen waren stolz auf Pauline.

„PAU-LI-NE!", rief Puffel. „Weißt du eigentlich, dass du hoch oben auf einem Balken stehst?"

Da bemerkte Pauline, dass sie ohne nachzudenken auf den Balken geklettert war und so ihre Höhenangst besiegt hatte. „Juhu, ich habe es geschafft!", rief sie überglücklich.

Sie kletterte runter und alle nahmen sie in den Arm. Was für ein Tag! Pauline sah Kurt mit ihren großen, dunklen Augen an und fragte neugierig: „Du, Kurt, warum bist du hier ganz alleine in der Höhle? Ein Krokodil gehört doch ins Wasser."

Da wurde Kurt ganz traurig und antwortete leise und mit gesenktem Kopf: „Ich kann nicht schwimmen und Angst vor Wasser habe ich auch. Deshalb verstecke ich mich hier aus Scham, weil ich von allen ausgelacht werde."

„Das Gefühl, ausgelacht zu werden, kenne ich gut, Kurt. Aber wenn du an dich glaubst und deiner Angst entgegengehst, kannst du schwimmen lernen. Ich habe es auch gerade geschafft und meine **HÖHENANGST** losgelassen", sagte Pauline zu dem Krokodil.

Karlchen ging auf Kurt zu und machte ihm Mut: „Ich bringe dir das Schwimmen bei, wenn du möchtest."

„Das machen wir", stimmte Kurt zuversichtlich zu. „Ich lerne schwimmen!" Überglücklich und erleichtert strahlte das Krokodil die kleine Schildkröte an.

Das Gewitter hatte aufgehört und die Sonne kam heraus. Vögel fingen an zu zwitschern und eine angenehme Ruhe lag über dem Wald. Pauline rannte als Erste aus der Höhle. Sie kletterte von Baum zu Baum, genoss ihre wiedergefundene Freiheit und betrachtete die Welt von oben.

Puffel, Karlchen und Kurt gingen zu einem nahe gelegenen See. Karlchen schaute Kurt aufmunternd an.

„Ab morgen treffen wir uns hier jeden Tag und üben das Schwimmen. Du brauchst Geduld, bis du richtig schwimmen kannst und die Angst vor dem Wasser verlierst. Aber du schaffst das!", sagte er zum Krokodil.

Zusammen riefen alle:

„1-2-3, die Angst ist nun vorbei!"

Sie strahlten sich an.

Da erinnerte sich Puffel an die Karte mit Schloss Spinnen-bein. „Wollen wir eine *Wir-haben-die-Angst-besiegt-Party* auf dem Schloss machen, damit dort die Freude wieder einkeh-ren kann?", fragte er seine Freunde. „Wir laden all unsere Freunde ein und besiegen mit guter Laune den Fluch, der über dem Schloss liegt." Begeistert von der Idee fielen sie sich in die Arme.

Pauline sah sich das Buch an, das sie vom Dorfältesten be-kommen hatte, und lächelte. Es stimmte also, was darin stand. Der heutige Tag hatte ihr gezeigt: Wenn man an sich glaubt, mit guten Freunden über das Problem spricht, ehr-lich zu sich selber ist und der Angst entgegengeht, dann ver-schwindet sie.

Ab jetzt wird Pauline jede Angst besiegen können und **DU** schaffst das auch!

STRATEGIEN GEGEN ÄNGSTE

Sage dir jeden Tag:

„Ich lasse meine Angst los, ich schaffe das!"

Dabei stehst du gerade und atmest Mut ein und Angst aus.

---

1. *Frage dich: „Wo ist die Bedrohung/das Problem?"*

2. *Denk jeden Tag an deine Stärken!*

3. *Hab Spaß im Leben, triff Freunde und hab ein Hobby.
Wenn es dir gut geht, verschwindet die Angst.*

4. *Wenn du mutig warst, schreib es auf und lies es dir immer
wieder durch. Rede mit deinen Eltern und Freunden über
deine Erfolge.*

PUFFEL DARF FEHLER MACHEN

Puffel wird jeden Tag von dem starken Bär und seinem Freund, dem großen Wolf, auf dem Pausenhof geärgert. Er fühlt sich hilflos und möchte am liebsten nicht mehr zur Schule gehen. Als Puffel in der Mathestunde auch noch eine Frage seiner Lehrerin nicht beantworten kann, bekommt er so viel Angst und Panik, dass er aus dem Klassenzimmer stürmt und wegläuft.

Doch dann begegnet Puffel einem alten, weisen Hasen mit einer geheimnisvollen Kiste. Kann er Puffel helfen, wieder Mut zu finden und an sich zu glauben?

Die Geschichte beinhaltet Strategien zur Stressbewältigung und fördert so das Selbstvertrauen von Kindern.

Zu bestellen in
Buchhandlungen
und bei amazon.com

ISBN 9783741211737

Praxis für Entspannungspädagogik
Elena Grumann
Haselhorn 116
31606 Warmsen
www.entspannungs-kurse.com